PAGE 4

PAGE 1

PAGE 2

www.ingramcontent.com/pod-product-compliance
Lightning Source LLC
Chambersburg PA
CBHW070438220526
45466CB00004B/1726
9781692253974